SAINT FRANÇOIS DE SALES

ET LES LETTRES CHRÉTIENNES

DISCOURS

Prononcé en la Fête solennelle

DE CE SAINT PATRON DE LA FACULTÉ DES LETTRES

en l'Université Catholique de Lille

Le 29 Janvier 1880

PAR

M. L'ABBÉ BAUNARD

Chanoine honoraire d'Orléans

Professeur d'Éloquence sacrée et de Patrologie
Docteur en Théologie, Docteur ès-Lettres

ARRAS

IMPRIMERIE DE LA SOCIÉTÉ DU PAS-DE-CALAIS

43, rue d'Amiens, 43

1880

SAINT FRANÇOIS DE SALES
ET LES LETTRES CHRÉTIENNES

DISCOURS
PRONONCÉ EN LA FÊTE SOLENNELLE

DE CE SAINT PATRON DE LA FACULTÉ DES LETTRES

en l'Université Catholique de Lille

Le 29 Janvier 1880

PAR

M. L'ABBÉ BAUNARD
Chanoine honoraire d'Orléans

Professeur d'Éloquence sacrée et de Patrologie
Docteur en Théologie, Docteur ès-Lettres

ARRAS
IMPRIMERIE DE LA SOCIÉTÉ DU PAS-DE-CALAIS
43, rue d'Amiens, 43

1880

SAINT FRANÇOIS DE SALES

ET LES LETTRES CHRÉTIENNES

DISCOURS

Prononcé en la fête de ce saint Patron de la Faculté des Lettres de l'Université catholique de Lille,

LE 29 JANVIER 1880

Monseigneur le Recteur,
Messieurs les Professeurs,
Messieurs les Étudiants,

Sans avoir la pensée de vous entretenir longuement, il me plairait, dans cette fête, de vous faire connaître, en quelques paroles, quelles raisons ont amené notre Faculté des Lettres de l'Université catholique de Lille à se choisir pour patron l'illustre saint François de Sales, Évêque et Prince de Genève, Docteur de l'Église.

La raison de ce choix, elle est toute en ce que nous sommes et voulons être les tenants des Lettres chrétiennes, et que ce grand écrivain en fut, parmi nous, la plus aimable sinon la plus haute représentation. Et, à dire vrai, Messieurs, il n'est de littérature digne de ce nom que celle-là. Sans doute une autre existe qu'on appelle profane, et je suis loin de contester sa prestigieuse puissance : mais c'est une puissance restreinte. Elle peut bien parfois transporter l'homme au-dessus de lui-même, mais elle ne parvient pas à le porter jusqu'à

Dieu ; et tandis que la première, pareille à Moyse, gravit le Sinaï, les deux rayons au front, pour entendre puis traduire la parole divine, la seconde, comme Israël, se tient dans la vallée, sous la nuée, enveloppée d'éclairs et de tonnerre, mais arrêtée par d'infranchissables barrières au pied de la sainte montagne.

Ces arrêts, cette impuissance des Lettres humaines à nous révéler Dieu, qui de vous ne l'a éprouvée, Messieurs, quand à la lecture de quelque page sublime, soudain votre âme saisie par une de ces *veræ voces*, dont a parlé un de vos poètes, s'est sentie élevée non seulement par delà toutes les réalités, mais par delà les fictions entrevues dans les livres ? Ce qui venait de vous apparaître c'était peut-être quelque éclair de la Beauté infinie qui, passant sur votre âme, la faisait tressaillir jusque dans ses derniers abîmes ? Ce que vous sentiez alors, c'était peut-être l'aspiration ardente et douloureuse vers la vision de ce Beau idéal, insaisissable, apparu dans vos rêves ? Tel est le côté sacré des lettres mêmes profanes : elles placent l'âme sur des hauteurs d'où se montrent dans le lointain les premiers horizons d'une terre promise. Mais cet au-delà qu'elles indiquent, elles-mêmes n'y entrent pas, ne nous y mènent pas. Contentes de nous avoir arrachés au désert et à la servitude des réalités terrestres, pour nous conduire jusqu'aux frontières du divin, elles expirent sur ce sommet ; et là, ne pouvant rien de plus, appellent un autre guide qui nous conduise au terme. — O Dante ! Dante ! il est temps que ton Virgile se retire et que Béatrice descende pour te montrer le Ciel !

Qu'est-ce à dire ? que les Lettres humaines inspirées par le génie peuvent bien disposer l'âme à recevoir la lumière, mais que pour nous jeter dans la plénitude de cette clarté, il faut les Lettres chrétiennes qui s'inspirent avant tout de la Théologie, ou de la science de

Dieu. Ainsi l'avez-vous compris, vous, Messieurs, qui êtes étudiants à la fois en l'une et l'autre Faculté. Ce que Bossuet dédaignait sous le nom de *littéraire pur* ne saurait vous satisfaire ; ce ne sont là encore que « les éléments du monde qui tiennent en servitude » l'élan de l'âme immortelle ; et si l'humain a pour vous des séductions délicates, il n'y a que le divin qui puisse vous remplir.

Vous serez donc premièrement des hommes de doctrine. Mais, je vous en conjure, ne l'oubliez pas non plus : disciples du Verbe divin vous devrez l'incarner dans une forme vivante pour le montrer aux hommes plein de grâce et de vérité. Or l'office et le bienfait des lettres qu'est-ce autre chose que la mission de donner à la vérité un corps, sans lequel elle resterait invisible aux regards, inaccessible aux cœurs ? Vous le lui donnerez, Messieurs, ce corps vivant de l'expression : corps glorieux qui soit la splendeur du vrai, corps agile et immortel qui traverse les espaces et qui défie le temps, car c'est le privilège d'une belle parole d'obtenir en héritage la perpétuité et l'universalité.

Déjà, Messieurs, vous pouvez entrevoir pourquoi notre Faculté a cherché pour patron un saint qui fût à la fois docteur et écrivain, théologien et poète, et elle s'est arrêtée à saint François de Sales. Il faut avouer qu'avant de fixer notre choix, nous cherchâmes longtemps. Il y fallut deux séances. L'un de nous proposait saint Jean : Jean n'est-il pas le sublime évangéliste du Verbe, de la Lumière éclairant tout homme venant en ce monde ; de la Parole de Dieu habitant parmi nous ? Jean n'est-il pas aussi le Disciple bien-aimé du Maître de l'amour comme de la vérité ? Un autre, — vous reconnaîtrez le philosophe chrétien, — se fût volontiers arrêté à saint Augustin, Augustin à la fois orateur, écrivain, théologien, philosophe, et de plus professeur, et professeur d'éloquence, ce qui naturellement n'était pas fait pour nous déplaire. Tout cela était bien. Mais s'il était possible de trouver réunis saint Jean et saint Augustin dans un saint plus proche de nous, qui fût presque de notre temps, qui parlât notre langue ; qui fût, comme étudiant, un modèle du bien-vivre pour nos étudiants ; qui fût, comme écrivain, un modèle du bien-dire pour nos écrivains ; qui fût, comme Docteur, un type du savoir pour nos docteurs futurs ; une colonne de vérité qui fût en même temps un phare de clarté ! C'est ainsi que fut acclamé le nom de François de Sales, comme celui du vrai patron de ces Lettres chrétiennes dont il fut tour à tour :

Le disciple dans ses études

Le zélateur et le maître dans son épiscopat,

Le modèle dans ses écrits.

I.

François de Sales fut donc, Messieurs, étudiant, ainsi que vous. Il étudia à Annecy, à Paris, à Padoue ; et partout je le trouve saintement passionné pour le vrai et le beau, qu'il ne sépare pas de la pratique du bien.

J'ai dit Annecy, Messieurs. Et, de vrai, ne puis-je point regarder comme son premier maître ce pays d'enchantements, dont il a si bien pris l'empreinte dans son style ? J'ai visité cette petite ville : c'est bien encore la ville de saint François de Sales. L'imitation de Jésus-Christ parle de certains lieux où le ciel est plus proche, l'âme plus libre, l'air plus pur, Dieu même plus familier. Annecy, Thorens, La Roche, sont de ces lieux bénis. Des montagnes fuyantes, et qui, en s'éloignant, montent vers le firmament, des lacs d'une pureté profonde où se mire le ciel, une vallée pleine de soleil, de verdure et de paix, avec les neiges lointaines et des lignes d'horizon coupées par des cimes brillantes : la majesté et la grâce, l'immensité et la beauté, la puissance et l'aménité : n'est-ce point l'image d'Annecy ? N'est-ce point aussi l'image de l'âme et du style de saint François de Sales ?

Après la nature, les hommes. Et quels hommes que ceux qui furent les professeurs du jeune étudiant ! A Paris, en rhétorique, il a pour maître de grec l'illustre Père Sirmond, un des religieux les plus érudits de son siècle ; en philosophie, c'est François Suarès, non l'égal, à coup sûr, mais l'émule du grand homme dont il porte le nom. C'est encore Dandini qui, dans ses leçons, ressuscite toute la science d'Aristote. En Sorbonne, il va apprendre l'Écriture sainte et l'hébreu auprès de Gilbert Genebrard, bénédictin de Cluny, futur archevêque d'Aix, « homme d'une science plutôt divine qu'humaine ». Là encore il est au pied de la chaire de Jean Maldonat, l'immortel commentateur des saints Évangiles, dont il entendit alors et n'oublia jamais l'interprétation du Cantique des cantiques. A Padoue, son maître en Droit est le fameux Guy Pancirole ; son maître en théologie, le docte père Possevin, car François menait toutes ces études de front, « s'imposant tous les jours huit heures de travail, quatre pour la jurisprudence, quatre pour la théologie. »

Possevin lui avait dit : « Vous faites bien, mon fils, d'étudier aux choses divines. Votre esprit n'est pas au tracas du barreau... N'est-ce pas chose plus glorieuse d'annoncer la parole de notre bon Dieu à plusieurs milliers d'hommes dans les hautes chaires des églises, que de battre les bancs parmi des controverses de procureurs ? » Sur quoi François, prenant la Somme de saint Thomas, la tient constamment ouverte sur son pupitre, afin de l'avoir toujours sous les yeux. Voilà le maître de la doctrine. Puis voici, à côté, les maîtres de la parole : « Entre les Pères il aymoit particulièrement sainct Augustin, sainct Hiérosme, sainct Bernard, et sainct Chrysostome ; mais surtout il se plaisoit avec sainct Cyprian, parceque, disoit-il, comme sainct Hiérosme écrit en l'épistre à Paulin, le bien-heureux Cyprian coule doux et paisible, comme une très pure fontaine. Il taschait souvent d'imiter ses belles périodes et de composer de petites pièces à sa façon, que les injures du temps et son humilité nous ont dérobées. »

Telle fut l'école de François, telle sera aussi la nôtre. Il m'est doux, quant à moi, d'avoir à vous interpréter, chaque semaine, ces maîtres dont un autre maître a dit : « Quiconque veut devenir un habile théologien et un solide prédicateur, qu'il lise et relise les Pères. S'il trouve, dans les modernes, quelquefois plus de minuties, il trouvera souvent dans un seul livre des Pères plus de cette première sève du christianisme que dans beaucoup de volumes des interprètes nouveaux... Pour anciens qu'ils soient, ils produisent encore un fruit infini dans ceux qui les étudient ; parce qu'après tout ces grands hommes sont nourris de ce froment des élus, de cette pure substance de la religion ; et que pleins de cet esprit primitif qu'ils ont reçu de plus près et avec plus d'abondance de la source même, souvent ce qui leur échappe et qui sort naturellement de leur plénitude est plus nourrissant que ce qui a été médité depuis (1). »

Ces maîtres éminents de Paris et de Padoue, François de Sales les aimait, et il en était aimé. On le vit bien le jour où, âgé de vingt-quatre ans, il présenta et soutint sa thèse pour le doctorat en Jurisprudence devant quarante-huit docteurs de l'université de Padoue : « Je vous

(1) Bossuet, *Défense de la Tradition et des saints Pères*, lib. IV, ch. 18, fin.

dois tout ce que je suis, leur dit-il solennellement ; ainsy je le témoigne, ainsy je le proteste. Qu'à jamais soit honneur, bénédiction et action de grâce à Dieu immortel, à Jésus-Christ son fils, à sa glorieuse Mère, à mon Ange gardien, et au bienheureux saint François d'Assise du nom duquel je me réjouy et glorifie grandement d'être appelé. » A quoi le Pancirole ne lui fut pas chiche de louanges. En présence de l'assemblée des quarante-huit docteurs, il le loua principalement d'avoir conservé sa chasteté, apportant en similitude ce qui est raconté de la fontaine Aréthuse qui se mesle avec la mer, sans que ses eaux deviennent amères, et après l'avoir ouï répondre très solidement aux arguments qui furent laschés contre sa doctrine, il le doctora, lui baillant le bonnet, l'anneau et les privilèges de l'université. »

Un autre jour vint, plus tard, où ce fut la Théologie qui lui mit au front une plus haute couronne. C'était à Rome. Clément VIII présidait l'examen. Autour de lui étaient assis huit cardinaux, entre lesquels on remarquait le cardinal de Florence, le cardinal Borghèse, le cardinal Baronius et le cardinal Borromée. Bellarmin était un des interrogateurs. Le pape ravi des réponses que faisait François disait autour de lui : « Nous n'avons point eu tant de satisfaction d'aucun que nous ayons examiné jusques à présent »; et à mesme temps, sortant de son throsne, alla embrasser l'humble Françoys qui estait encore à genoux, luy baigna la joue de ses larmes et luy dit tout haut ces paroles du Ve chapitre des Proverbes : « Mon Fils, beuvez l'eau de vostre cisterne, et les coulans de vostre puits; que vos fontaines se dérivent dehors, et distribuez vos eaux par les places (1). »

Mais n'anticipons pas. Aussi bien n'ai-je pas nommé

(1) Bibe aquam de cisternâ tuâ et fluenta putei, deriventur fontes tui foràs, et in plateis aquas tuas divide. (*Prov.*, V. 15.)

le plus grand Maître de François : l'étudiant s'était mis à l'école de Dieu ! Le voyez-vous ce jeune gentilhomme, beau, riche, distingué, qui se tient à l'écart de toutes les dissipations, qui repousse courageusement toutes les séductions, qui foule aux pieds ses passions, déterminé à rester vierge de corps et de cœur ! Que veut-il, qu'espère-t-il de cette intégrité ? Il veut et il espère garder immaculée la page de son âme où la main du divin Maître puisse graver ses leçons : *Incorruptio facit esse proximum Deo. — Beati mundo corde quoniam ipsi Deum videbunt.* Il contemplera donc Dieu, source de toute vérité, ce chaste et vaillant jeune homme qui, en partant de la maison paternelle, a pris pour devise ces deux mots : *Non excidet.* Ah ! loin de tomber, il monte ; car qu'est-ce que la prière assidue de François sinon l'ascension de cette âme ailée vers Dieu ? Il ne perd pas sa présence, vivant perpétuellement à la lumière de sa face, l'écoutant, lui parlant, ici dans le sanctuaire de Saint-Etienne-des-Grès, là, chez les Capucins, où il s'édifie de l'exemple du père Anne de Joyeuse. C'était bien « l'ange du collège », ainsi qu'on le nommait : « Nostre Françoys, écrit son neveu, espanchoit partout les suaves odeurs de ses vertus. Il estoit tenu d'un chascun comme un miroir sans tache ; car il estoit doulx et humble de cœur, courtois et gracieux, assidu dans les églises ; il se confessoit et communiait de huit jours en huit jours, au moyen de quoy il fust comblé de tant de grâce qu'il était tout enflammé par la dévotion qu'il avoit à ce Sacrement de vie, *sachant bien qu'on ne saurait autrement avancer à l'estude des bonnes lettres que par la piété.* »

Heureux, Messieurs, l'étudiant qui sait se conformer à ce noble et pur exemple ! Heureux qui sait puiser à ces sources de vie, qui sont aussi des sources de vérité et de science ! On s'illumine, dit l'Écriture, en s'approchant de Dieu : *Accedite ad Deum et illuminamini.* C'est lui, c'est son amour qui nous donne « ces yeux illuminés du cœur », dont parle le Psalmiste, et ceux-là voient plus loin que les yeux de l'esprit. C'est lui, c'est son Esprit-Saint, qui nous confère ce sens de rectitude intellectuelle que vous invoquez, à genoux, avant chaque leçon : *in eodem Spiritu recta sapere.* Heureux encore une fois qui comprend le don de Dieu ! Pour lui, Jésus-Christ est bien la Lumière du monde. Pour lui, Jésus-Christ est de plus le foyer de l'amour : foyer puissant d'où part le mouvement imprimé à toute la conduite et d'où rayonne la chaleur avec la clarté. Ainsi se fait, dans les études, une splendide unité; ainsi se fait, dans la vie, une harmonie divine où tout chante Jésus, selon l'expression de notre François de Sales. Ce même Jésus, pain de vie, qu'il a, le matin, adoré ou reçu à l'autel, le disciple durant le jour le retrouve encore, distribuant dans ses livres les paroles de vie. Il est pour lui la Voie, la Vérité, la Vie. Par lui toutes ses facultés sont comme divinisées; tout son être « est entré dans les puissances du Seigneur. »

II

Les Lettres chrétiennes avaient eu François de Sales pour disciple ; elles l'eurent ensuite pour maître. Ce nom de maître, l'humble évêque l'eût sans doute repoussé. Mais comment appeler autrement qu'un enseignement sa lettre admirable sur la Prédication ; comment appeler autrement qu'une école de Science et de Lettres chrétiennes son académie Florimontaine d'Annecy? Je m'en tiendrai à ces deux faits.

Pour la Prédication, François de Sales fut réformateur. Il y avait alors tant à faire pour rendre à la chaire sa gravité, sa pureté, sa vérité et sa simplicité, après les dégradations de sujet et de langage, les puérilités ou les subtilités, les jeux de mots ou le pédantisme, les violences ou les indécences dont l'avait déshonorée la Renaissance païenne du XVI° siècle ! Souvenez-vous seulement des sermons de la Ligue !

François de Sales trouvait partout cette séduction, et s'il y échappa ce ne fut certes pas la faute de son vénérable père, le marquis de Boisy, ainsi qu'il le racontait à l'Evêque de Belley : « Durant que j'étais prévost de notre église, je m'exerçais à la prédication en toute circonstance ; je ne savais ce que c'était de refuser. Mon père alors, entendant sonner la cloche du sermon, demandait qui prêchait. On lui disait : Qui serait-ce sinon votre fils ? Sur quoi, mon père qui était bien le meilleur père du monde, mais qui avait passé la plus grande partie de son âge à la cour et à la guerre, dont il savait mieux les maximes que celles de la théologie, me prit un jour à part, et me dit : « Prévost, tu prêches trop souvent. J'entends sonner la cloche pour prêcher, non seulement le dimanche, mais les jours ouvriers, et toujours on me dit : c'est le prévost, le prévost ! De mon temps, les prédications étaient bien plus rares. Mais aussi quelles prédications ! Dieu sait si elles étaient doctes et bien étudiées ; on disait des merveilles ; on alléguait plus de latin et de grec en une que tu ne fais en dix ; tout le monde en était ravi : on y courait à grosses troupes ; vous eussiez dit qu'on allait ramasser la manne. Maintenant, toi, tu rends cet exercice si commun qu'on n'en fait plus d'état ; et puis on n'a plus tant d'estime de toi. »

« Voyez-vous, expliquait François de Sales à son ami, le cher homme parlait ainsi qu'il l'entendait, à la franche marguerite. Mais c'était selon les maximes du siècle où il avait été nourri. »

C'est à un autre siècle que l'homme de Dieu veut que se reporte la parole sacrée, c'est au siècle apostolique, c'est au siècle des Pères qu'il faut revenir. Là est la source du beau, parce que là est la source du vrai. « Mon ami, écrivait-il à un prédicateur, j'entends dire que vos discours ne sont que fleurs et parfums, remplis d'humanités qui attirent les auditeurs, comme les abeilles qui volent au sucre et au miel...Votre lit est tout florissant, votre ameublement tout de cyprès et de cèdre, vos vignes épandent partout leurs suaves senteurs, ce ne sont que fleurs qui paraissent en notre terre, et notre printemps sourit de tous côtés. Mais j'attends maintenant des nouvelles de votre été et de votre automne, de la moisson et de la vendange. J'écoute *an flores fructus parturiant*. Aussi vous donnai-je avis d'émonder votre vigne des pampres superflus des belles lettres humaines : *Tempus putationis advenit*. Taillez-la en retranchant les ornements étrangers. L'interprétation qu'on fait de l'Evangile doit être conforme à son style et à sa simplicité ; sur les joues d'une chose telle que la théologie, il ne faut, ni rouge, ni vermillon ; et il se faut bien plus garder d'altérer la parole de Dieu que la monnaie du prince. »

Mais ce n'est plus dans un avis donné à un ami, c'est dans un vrai et complet traité sur la matière que vous allez trouver la pensée apostolique de saint François de Sales. Ecoutez-le. Il écrit au jeune archevêque de Bourges, M. André Frémiot, frère de sainte Chantal. Prenant les choses d'abord par leur côté divin, il lui demande d'être saint, car, disait-il ailleurs, avant de *dire* ses sermons, il faut les *faire* soi-même : c'est la première règle. Il lui demande ensuite d'être un véritable apôtre : c'est la seconde règle: « Au sortir du sermon, je ne voudrais pas qu'on dît : O qu'il est grand orateur ! Mais je voudrais qu'on dît : « O que la pénitence est belle ! ô

Dieu que vous êtes bon ! ô Dieu que vous êtes juste ! et semblable chose. La fin du prédicateur en ses sermons doit être de faire ce que Notre-Seigneur est venu faire lui-même : *Ut vitam habeant et abundantius habeant.* »

Ce que François veut qu'on prêche, c'est l'Evangile d'abord, c'est l'Evangile encore, c'est l'Evangile toujours : *Prædica verbum.* Arrière donc ce qu'il appelle « ce chatouillement d'oreilles qui provient d'une certaine élégance séculière, mondaine et profane, de certaines curiosités, agencements de traits, de paroles et de mots qui sentent l'artifice : il faut laisser cela aux charlatans de paroles, lesquels ne prêchent pas Jésus-Christ crucifié, mais se prêchent eux-mêmes : *Non sectamur lenocinia rhetorum, sed veritates piscatorum.* » Donc, de fables de poètes aucune : « Il ne faut pas mettre, dit-il, l'idole de Dagon avec l'Arche d'alliance. » D'histoires profanes, très peu : « Il ne faut s'en servir que comme on fait des champignons, fort peu, bien apprêtées, et pour seulement éveiller l'appétit. » Mais de l'Ecriture sainte, beaucoup : c'est la maîtresse pièce. Des histoires des Saints, encore : « c'est l'Evangile mise en œuvre. » Puis des comparaisons tirées de la nature : « Car le monde qui est fait par la parole de Dieu, ressent de toute part cette parole : toutes ses parties chantent la louange de l'Ouvrier. » Avec cela, de la doctrine, de la théologie, « saint Thomas, saint Antonin, les Pères de l'Eglise, saint Grégoire le Grand, saint Chrysostome, saint Bernard. » — Et puis quel livre encore ? Le Cœur de Dieu étudié à la lumière d'un cœur qui brûle d'amour pour lui : « Prêchez, Monsieur, Dieu le veut, les hommes s'y attendent ; c'est la gloire de Dieu, c'est votre salut. Hardyment, et courage pour l'amour de Dieu ! Le Cardinal Borromée, sans avoir la dixième partie de vos talents, prêche, édifie et se fait sainct. Encore une fois, il n'est rien d'impossible à l'amour; Notre-Seigneur Jésus-Christ ne demanda pas à Pierre : Es-tu savant ou éloquent? pour lui dire : *Pasce oves.* Il lui demanda : *Amas me.* Il suffit, Monsieur, de bien aimer pour bien dire. »

La tête dans la lumière et le cœur dans l'amour : telle est la conception de l'éloquence selon Dieu; telle est la grande leçon de saint François de Sales.

Mais ce n'est plus une simple leçon que nous recevons de lui, c'est une académie que nous le voyons inaugurer dans sa petite ville d'Annecy. Messieurs des lettres, écoutez ce naïf récit de son premier historien : « La cité d'Annecy estoit semblable à celle d'Athènes sous un si grand prélat que fust François de Sales. La voyant habitée d'un grand nombre de docteurs, soit théologiens, soit jurisconsultes, soit bien versés en lettres humaines, il entra dans l'esprit, tant du Bienheureux que du président Favre, d'instituer une Académie, en une si grande abondance de beaux esprits. Ce dessein fust approuvé généralement d'un chascun; et parce que les muses fleurissaient parmi les montagnes de Savoie, il fust trouvé à propos de l'appeler Florimontaine, et de lui bailler pour enseigne un oranger avec cette devise : FLEURS ET FRUICTS.

J'ai dit une académie; j'aurais presque pu dire une université, car l'Institut de François embrasse toutes les connaissances humaines : « Les leçons sy feront ou de théologie, ou de philosophie, ou de politique, ou de rhéthorique, ou de cosmographie, ou de géométrie, ou d'arithmétique. On y traitera de l'ornement des langues et surtout de la françoise. »

C'est assez sur ce sujet. Quelques-uns ont voulu voir dans cette compagnie savante le germe de ce qui devint, à Paris, trente ans après, l'Académie française. J'aime mieux y voir ici, pour notre instruction, le type moral et chrétien de notre Université catholique de Lille. Méditons les statuts de cette petite société dont un saint fut le père. Il y est écrit d'abord : « La fin première de notre institution sera l'exercice de toutes les vertus, la souveraine gloire de Dieu, le service de l'Etat et l'utilité publique.» Ainsi servirons-nous Dieu, les âmes, la France. On lit encore : « Ne seront admis dans la Société ni les infidèles, ni les apostats, ni les ennemis de l'État; mais les seuls gens de bien et doctes. » Ainsi tâcherons-nous d'être, Messieurs, ou de devenir. » Les mêmes règles ajoutent : « Le style de parler et de lire sera grave, exquis, plein, et ne ressentira en point de façon la pédanterie. » Autant qu'il se pourra, ce style sera le nôtre. « Les lecteurs tascheront de tout leur pouvoir d'enseigner bien, disant beaucoup en peu de temps ; à quoi les auditeurs prêteront attention, ne se laissant divertir par aucune autre chose. » Puisse-t-il en être ainsi, Messieurs les Étudiants, et de vous et de nous ! Enfin ce dernier mot : Tous les académiciens entretiendront un amour mutuel et fraternel ; et tous iront à qui mieux mieux. » La première de ces lois est notre consolation, la seconde, Messieurs, est toute notre espérance, avec la grâce de Dieu.

Il est dit qu'à la suite de cette institution, « il ne se pouvait rien voir de plus beau et de plus suave que ces exercices ; et la ville d'Annecy se vit bientôt habitée des plus beaux esprits, non seulement du Génevois, mais encore de toute la Savoie. » Et nous aussi, Messieurs, nous verrons grandir cet arbre encore jeune de l'Université ; il étendra ses branches non seulement sur notre région mais dans tout le pays. Lui aussi, comme l'oranger, produira fleurs et fruits ; fleurs pures et parfumées qui porteront partout, par les écrits et la parole, la bonne odeur de Jésus-Christ; fruits de vertu et de salut, selon cette recommandation de notre Maître Jésus : « Vous ne m'avez pas choisi, mais moi je vous ai choisis, et je vous ai établis afin que vous alliez et que vous portiez du fruit, et que votre fruit demeure. » Il demeurera, Messieurs, le fruit que portera cette institution de science et de sainteté ; il nourrira cette génération malade et débilitée dont il refera le tempérament moral et religieux ; c'est là toute notre fin et notre ambition. D'autres peuvent prétendre à être l'arbre séducteur de la science du bien et du mal : pour nous, s'il plaît à Dieu, nous serons l'arbre de vie.

III

Pour expliquer le patronage que nous avons choisi, il me resterait, Messieurs, à vous montrer dans François le modèle de ces Lettres chrétiennes dont il avait été le disciple et le maître. Mais entreprendre ce sujet, qui est principalement un sujet littéraire, ce serait peut-être se tromper de chaire, de lieu et d'heure. Aussi bien, avez-vous ici qui m'en dispense. Ce n'est pas moi, c'est un autre ; ce n'est pas le matin, c'est le soir qui vous réserve ce charme et cette instruction (1).

D'ailleurs ce modèle vous l'étudierez un jour, vous le lirez bientôt. Vous connaissez déjà la *Philothée* de François de Sales ou son Introduction à la vie dévote, vous ne tarderez pas à connaître son Étendard de la croix, ses controverses, ses sermons, ses admirables lettres, surtout son sublime traité de l'Amour de Dieu ; et vous me direz alors si vous savez une langue, à cette époque sur-

(1) M. de Margerie, doyen de la Faculté des Lettres, donnait en cette même fête du jeudi 29, comme à toutes les soirées du jeudi de ce trimestre, des conférences publiques sur saint François de Sales.

tout, qui approche de cette langue ! On sait sa suavité, mais qui dira sa puissance et son énergie ? Elle aborde tous les tons, elle a toutes les cordes, elle prend toutes les nuances. C'est une langue unique, la langue de saint François de Sales. Ou mieux encore, Messieurs, disons le mot qui explique tout ; c'est la langue de l'amour de Dieu. Tel est le trésor d'où elle tire des richesses infinies, richesses toujours anciennes et toujours nouvelles : *De thesauro suo nova et vetera.* « Ce qu'il y a, écrit-il, de plus parfait dans l'univers c'est l'homme, dans l'homme c'est l'âme, dans l'âme c'est l'amour ; et dans le genre d'amour c'est l'amour de Dieu ! » — O aimer ! s'écrie-t-il après saint Augustin, ô aller à Dieu ! ô mourir à soi-même ! ô parvenir jusqu'à Dieu ! là est le bonheur. »

Telle est l'inspiration supérieure, surhumaine de l'éloquence de François. Vous nous dites, Messieurs des Lettres, qu'il faut une grande passion pour faire une grande parole : quelle plus grande et plus sainte passion que celle-là ? Embrasé de cette flamme, voilà que François de Sales la promène partout, et elle éclaire tout. C'est l'amour qu'il voit en Dieu ; « Oserai-je le dire? se demande-t-il, il semble que le cœur de Dieu soit passionné pour le nôtre ! » C'est l'amour qu'il voit dans l'œuvre surnaturelle de Dieu : « Dans la sainte Église de Dieu tout appartient à l'amour, tout est fondé sur l'amour, tout aboutit à l'amour et tout est amour. Dieu qui a créé l'homme à son image veut qu'en l'homme comme en lui, tout soit ordonné par l'amour et pour l'amour. » C'est Dieu qu'il aime en l'homme, et l'amitié elle-même n'est qu'une des formes excellentes de cet amour divin : « Il faut, s'écrie-t-il, bien lier nos affections, mais avec la chaîne d'or du pur et saint amour ! » Vue en Dieu, la croix elle-même lui semble pleine de charme : « Aimons bien nos croix elles sont toutes d'or, répète-t-il, si nous savons les regarder du biais qu'il faut. » Il n'y a pas jusqu'à la mort que l'amour ne transfigure : « La mort ne peut contrister un cœur qui ne vit que pour aimer, et qui sait que son amour est toujours vivant. »

Vous étonnerez-vous alors que toutes les créatures soient appelées, dans ses pages, à lui représenter ce divin objet de sa dilection? De là les habitudes familières de son style avec tous ces ouvrages de la nature qu'il élève à l'honneur de lui représenter les œuvres de la grâce. Voici ses avettes, ses alcyons, ses apodes, ses lapins blancs, ses faucons, ses tourterelles, ses mères-poules, ses mandragores, et ces milliers de créatures vivantes ou inanimées dont je vous abandonne la physiologie et l'histoire naturelle pour ce quelle peut valoir, mais dont j'aime à recueillir les charmantes allégories qu'en tire le saint et le poète. Je dis le poète, Messieurs, car si la poésie est définie par vous l'expression de l'insensible rendu par le sensible, qui fut jamais plus poète que saint François de Sales?

A cette langue admirable, un seul honneur manquait : il vient de lui être décerné. Consacrée déjà par le suffrage de trois siècles, elle vient d'être consacrée par un acte solennel de l'Église catholique. En élevant S. François, au titre de Docteur, en décernant cet honneur à ses écrits français, elle a donné à cette langue pour la première fois, ce que j'oserais nommer une naturalisation ecclésiastique. C'est inouï dans ses fastes, où les grands écrivains qu'elle a élevés à ce rang parlent tous l'une des deux langues de la Grèce ou de Rome. François de Sales, le premier, a fait de notre langue une langue sacrée.

Maintenant, Messieurs, tournons-nous vers notre céleste Patron. Demandons-lui, à l'issue de ce divin Sacrifice, non-seulement exemple, mais aussi protection. L'heure présente est difficile ; que sa parole nous rassure : « Confiance ! nous crie-t-il, laissez courir le vent ; ne pensez pas que tout ce frifillis des feuilles soit le cliquetis des armes. » — Mais quoi, comment ne pas trembler ? voici que l'ennemi est en armes, nous sommes assiégés ! — Qu'importe encore ? Le courage est la vertu de l'amour, et quoiqu'il advienne, ne cessons pas de travailler : « C'est une mauvaise tristesse que celle qui nous ferait abandonner le soin de l'œuvre, comme Agar qui laisse son fils sous l'arbre pour pleurer. » — Chrétiens, ne vous faites pas peur de la persécution ; c'est elle qui vous consolidera, qui vous couronnera. « Quand Notre-Seigneur Jésus fut en croix, il fut déclaré roy, même par ses ennemis. Les institutions aussi bien que les âmes qui sont en croix sont roynes. »

Et puis *sursum corda !* que notre Université soit comme ce nid de l'alcyon ouvert seulement du côté qui regarde le ciel : « Au dedans il est si ferme et si impénétrable que les ondes le surprenant, jamais l'eau n'y peut entrer, ains tenant toujours le dessus, demeure emmy la mer, sur la mer, maître de la mer. » Ainsi demeurons-nous au milieu des tempêtes. Ainsi « au milieu des tribulations, comme le rossignol emmy le buisson d'épines, nous ne cesserons de chanter : Vive Jésus ! »

Arras, imp. du Pas-de-Calais. — P.-M. Laroche, directeur.

OUVRAGES DU MÊME AUTEUR

CHEZ MM. POUSSIELGUE FRÈRES
Paris, rue Cassette, 15

LE DOUTE ET SES VICTIMES DANS LE SIÈCLE PRÉSENT, études biographiques et apologétiques. Un vol. in-12. Cinquième édition.

HISTOIRE DE SAINT AMBROISE, Docteur de l'Église, avec un Bref de Sa Sainteté Pie IX. Un volume in-8. Deuxième édition.

En allemand : *Geschichte des heiligen Ambrosius* von Alois Baunard, übersetzt von JOHANN BITTL professor und inspector an der Kgl. bayer Pagerie in München. (Freiburg im Breisgau. Herder, 1873.)

En italien : *Storia di Sant' Ambrogio*, del signor abate Baunard tradotta da Giacomo Scurati. (Milano, presso la libr. arciv. Boniardi-Pogliani, 1873.)

L'APOTRE SAINT JEAN, un vol. in-12 avec gravure d'Ary Scheffer. — 3ᵉ édition.

En anglais : *Life of the apostle St John*, by M. L. Baunard. — New-York : the catholic publication Society, 9 Warren Street. 1875.

En italien : *L'Apostolo San Giovanni* per l'abate L. Baunard, versione del can. Gaetano Righi. Firenze, a spese della società Toscana... 1875.

HISTOIRE DE MADAME BARAT, fondatrice de la Société des religieuses du Sacré-Cœur de Jésus, 2 vol. in-8, 3ᵉ édition (la 4ᵉ édition in-12 est sous presse).

En anglais : *Life of the very Reverend mother Barat*, by M. Baunard, translated by lady Georgiana Fullerton. 2 vol. Roehampton, 1876.

En italien : *Storia della madre Barat* per l'abate Baunard, versione dall'originale francese, per Torquato Armellini S. J. — Roma, tipografia Milanese, via larga, n. 3. — 1877.

En espagnol : *Vida de la madre Sofia Magdalena Barat fundatora de la sociedad del sagrado corazon de Jesus....* traducida por Gabino Tejado. — Madrid, imprenta de la V. C. H. de D. E. Aguado. — Pontejos, 8. 1877.

En allemand : *Leben der ehrwürdigen Dienerin Gottes Mutter Magdalene Sophie Barat und Gründung der gesellschaft der heiligsten Herzens Jesu von Dʳ Baunard*, aus dem französischen übersetzt von Dʳ Otto Zardetti Domcapitular, Geistlicher Rath und Domcustos in St Gallen. — Regensburg, Druct und Verlag von Friedrich Pustet.

HISTOIRE DE MADAME DUCHESNE, fondatrice des premières maisons de la Société du Sacré-Cœur en Amérique. Un vol. in-8 avec carte et fac-simile, 1878.

En anglais : *The Life of mother Duchesne*, translated by Lady Georgiana Fullerton. Roehampton, printed by James Stanley. 1879.

Chez BLANCHARD, libraire, rue Bannier, à Orléans.

LE LIVRE DE LA PREMIÈRE COMMUNION ET DE LA PERSÉVÉRANCE, nouvelle édition, avec reliure de luxe et chromolithographies.

www.ingramcontent.com/pod-product-compliance
Lightning Source LLC
Chambersburg PA
CBHW060451050426
42451CB00014B/3273